CICLO DE LA MIEL

Dirección editorial: Raquel López Varela
Autoras: Mariana Magalhães y Cristina Quental
Ilustración: Sandra Serra
Coordinación editorial: Jesús Muñoz Calvo y Ana Mª García Alonso
Maquetación: Javier Robles, Patricia Martínez y Eduardo García
Título original: *Ciclo do mel*

Edita: Cometa Roja Books & Gifts
Avda Europa Nº26, Edif Atica 5,2pl
Pozuelo de Alarcón 28224 Madrid (España)
Contacto: 91 184 59 09

 @cometarojabooks

ISBN: 978-84-17826-03-1
Depósito legal: M. 15552-2019

ciclo de la miel

Cristina Quental es una joven escritora portuguesa que nació el 19 de noviembre de 1983 en Ponta Delgada. Es maestra de educación infantil y ha alternado el trabajo en la escuela infantil con actividades relacionadas con la dinamización del tiempo libre.

Mariana Magalhães nació el 2 de noviembre de 1971 en Lisboa (Portugal). Además de escritora, también es maestra de educación infantil y ha alternado el trabajo en la escuela infantil con actividades vinculadas con la acción social. Ha participado en numerosos seminarios y cursos de capacitación sobre temas relacionados con niños en situaciones de riesgo. También ha organizado y coordinado un centro de acogida para menores sin familia o separados de esta.

Sandra Serra nació en Luanda (Angola) el año 1968. Es diseñadora gráfica e ilustradora desde el año 1994. Ha sido mencionada, en varias ocasiones, como una de las referencias de la ilustración infantil y juvenil en Portugal. Desde el año 2007, también se dedica a escribir obras infantiles y ya tiene varios libros editados. Tiene su propio sitio web: www.espiralinversa.pt

¿dónde vamos hoy?

ciclo de la miel

Cristina Quental
Mariana Magalhães

Ilustraciones **Sandra Serra**

cometaroja

La maestra Teresa había dicho que, aquel día, iban a ver un sitio muy interesante. Por eso los alumnos estaban muy contentos y sentían una gran curiosidad.

—¿Dónde vamos? —preguntaron—. Al final, ¿dónde vamos hoy?

En el autobús, la maestra Teresa les dio una pista…

Cuando el vehículo se detuvo, vieron una gran verja. ¿Qué habría al otro lado?

Al otro lado había plantas y, al fondo, unas casitas muy pequeñas que parecían hechas con cajones.

¿Quién viviría allí? ¿Duendes? ¿Enanos minúsculos?

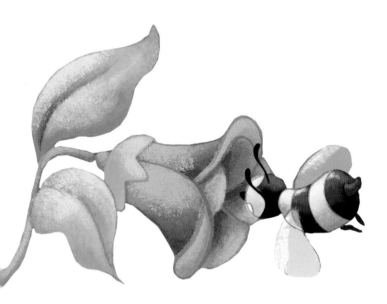

De repente, apareció a su lado una persona
vestida de una manera extrañísima: llevaba
un mono blanco con un sombrero estrafalario
que tenía una red delante de la cara.
   ¿A qué vendría todo aquello?

—Hola, soy Manuel, el apicultor, y vosotros debéis de ser los alumnos de la maestra Teresa.

—¿Apicultor? ¿Qué es eso? —preguntó Miguel.

—¿No sabéis lo que es un apicultor? Ahora lo veréis, pero antes tenéis que equiparos. Voy a por unos sombreros y unos guantes como los míos.

Los niños se los pusieron, muertos de curiosidad.

—Ahora no hagáis ruido —indicó Manuel—, para no asustar a los habitantes de las casitas.

Cuando se acercaron, oyeron un zumbido muy fuerte: «Zum, zum, zum…».

¡Eran abejas! ¡Miles de abejas!

—Ahora que ya sabéis quiénes viven aquí —dijo bajito Manuel—, os diré que estas casitas se llaman *colmenas*.

—¿Podemos abrir una para ver cómo son por dentro? —preguntó Francisco.

—Aquí no, porque las abejas se enojarían y podrían picarnos, pero en la casa tenemos una colmena con una pared de cristal. Venid conmigo. Allí aprenderéis el ciclo de la miel sin temor a las picaduras.

¡El interior de la colmena estaba animadísimo! Había un montón de abejas dando vueltas muy atareadas sobre unos cuadros llenos de agujeritos. Según dijo Manuel, los marcos de madera sujetaban los panales donde las abejas fabricaban la miel.

—Las abejas trabajan mucho para fabricar miel y son muy organizadas, pero hay una que solo pone huevos: la reina.

—¿Las abejas tienen reina?

—Así es. También se llama *abeja maesa* o *maestra* y es la única que pone huevos, por eso es la madre de todas las abejas de su colmena. Cuando yo descubro cuál es, le pongo un puntito rojo en la cabeza.

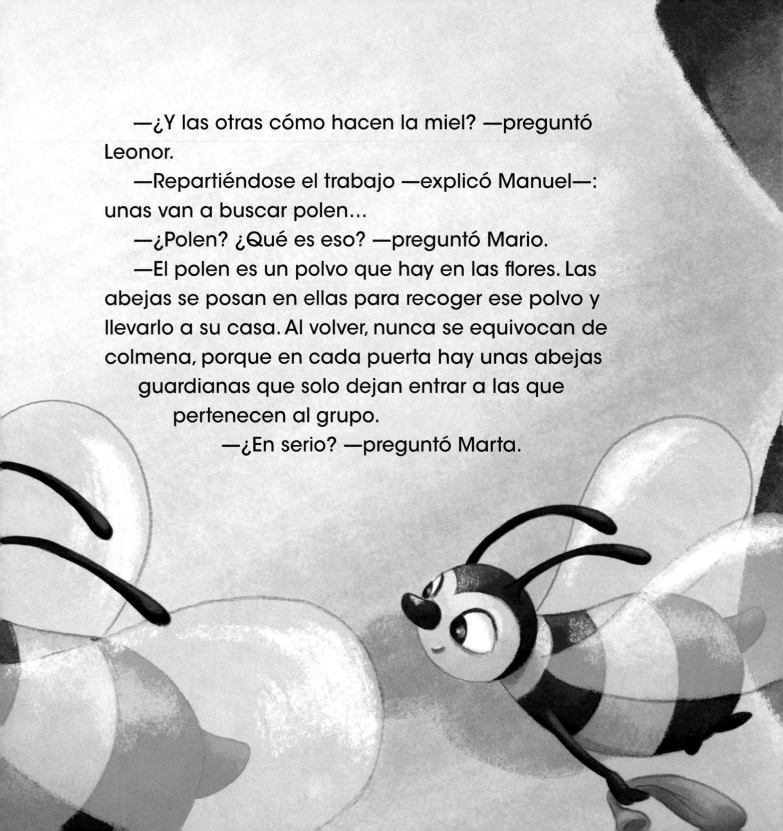

—¿Y las otras cómo hacen la miel? —preguntó Leonor.

—Repartiéndose el trabajo —explicó Manuel—: unas van a buscar polen...

—¿Polen? ¿Qué es eso? —preguntó Mario.

—El polen es un polvo que hay en las flores. Las abejas se posan en ellas para recoger ese polvo y llevarlo a su casa. Al volver, nunca se equivocan de colmena, porque en cada puerta hay unas abejas guardianas que solo dejan entrar a las que pertenecen al grupo.

—¿En serio? —preguntó Marta.

—Sí, ellas saben cuáles viven allí.

—¡Eso significa que las abejas hacen tareas distintas! La reina pone huevos, otras buscan polen y las guardianas son las porteras; me gusta —dijo María—. Yo, por mí, sería reina.

Manuel se rio a carcajadas.

—¡Ja, ja, ja!, todas las niñas que pasan por la granja dicen lo mismo...

—Pues estar siempre encerrada poniendo huevos debe de ser muy pesado. Yo preferiría volar, ir a buscar el polen y hacer la miel —dijo Inés.

—Las abejas que buscan el polen hacen solo
el transporte; esas se llaman *pecoreadoras*.

—¿Entonces cuáles fabrican la miel? —preguntó Víctor.

—Las obreras, que son como las cocineras
de la colmena; ellas transforman el polen en miel.

»Cuando las celdillas están llenas de miel, es el momento en que los apicultores recogen los cuadros y los meten en esta máquina.

»La máquina se mueve con esta manivela y la miel se va escurriendo al fondo. Después se abre este grifo para echarla en unos recipientes, pero antes hay que dejarla reposar.

—¿La miel tiene que reposar? —se extrañó la maestra Teresa.

—Pues sí, para que las impurezas suban a la superficie.

—¡Ah! ¡Ya entiendo! —exclamó Juan.

—Cuando abrimos el grifo de la máquina, echamos en frascos la miel ya limpia. ¿Queréis probarla? —preguntó Manuel.

—Sí —respondieron todos a una.

—Mmm... ¡qué buena!

—¡Y qué dulce!

—¡Y qué rica!

Al final de la visita, la maestra y los niños dieron las gracias a Manuel.

—Hasta pronto —se despidió el apicultor mientras el autobús se alejaba.

Rima

La abeja

«Zum, zum, zum…»,
la abeja hace al volar;
«zum, zum, zum…»,
y en la flor se va a posar.

«Zum, zum, zum…»,
uy, ¿y qué pasará?;
«zum, zum, zum…»,
que el polen se llevará.

«Zum, zum, zum…»,
en la colmena entrará;
«zum, zum, zum…»,
y la miel fabricará.

En la granja

Obrera, reina, aguijón,
zángano, panal, cerón.

Tras el enorme portón,
trabajan sin confusión
y con mucha aplicación
abejas a montón.

Obrera, reina, aguijón,
zángano, panal, cerón.

En la granja del tío Manuel
(Música de *Campana sobre campana*)

En la granja del tío Manuel
había muchas colmenas
y cuando él las abrió
vimos miles de abejas.

Mirad, vuelan a la par,
felices y contentas
sin parar de trabajar.

Y su miel saboreamos
después de mucho aprender.
Gracias al buen tío Manuel,
¡nos lo pasamos muy bien!

Día del Apicultor: 7 de diciembre

Personajes:

Abeja reina, pecoreadoras, guardianas, obreras, flores, viento y sol.

*(El viento sopla con suavidad,
las flores se balancean,
las pecoreadoras van de flor
en flor al son de una melodía).*

Sol:

—Ya ha nacido el día.
Voy a desperezarme.
Viento, no pares
nunca de soplarme.

Viento:

—La abeja reina
convoca una asamblea
y todas las abejas
vuelven a la
colmena.

*(Las abejas que habían
salido regresan volando
a la colmena).*

Reina:

—Yo soy vuestra reina,
yo soy vuestra madre;
y cuido la colmena
mejor que nadie.

Todas a coro:

—Todo lo que quiera,
dígalo Su Alteza,
que obedeceremos
con celo y presteza.

Reina:

—Las fieles guardianas
están siempre alerta,
sin quejarse nunca
de la puerta abierta.

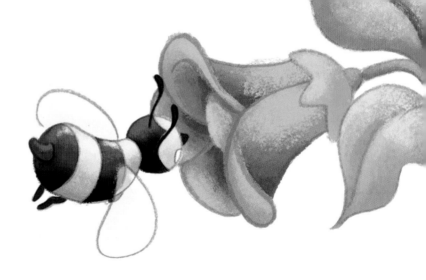

Guardianas:

—Vuestra Majestad,
quedad descansada,
nosotras cuidamos
de nuestra entrada.

Reina:

—Las pecoreadoras,
que vuelan deprisa,
vienen con el polen
bajo la camisa.

Pecoreadoras:

—Su Alteza Real,
esa es nuestra misión,
ya llegará el invierno
para echarse en el sillón.

Reina:

—Las amigas obreras
siempre preparan
el delicioso néctar
que nos encanta.

Obreras:

—En nuestros fogones
nos dejamos la piel
a fin de prepararos
la mejor miel.

Reina:

—Os he llamado a todas
para comunicaros
que es el Día del Apicultor
y hay que celebrarlo.

Todas:

—Vayamos en enjambre
a honrar al cuidador,
vayamos todas juntas
volando de flor en flor.

Sugerencias

Sugerencias para el vestuario:

1. **Abejas:** vestir leotardos y jersey ceñido (o bolsa de plástico ceñida con cortes para cabeza y brazos); con tiras de cinta adhesiva amarilla, elaborar las franjas del cuerpo. Con cartulina, fabricar las alas; la diadema o cinta con las antenas, con alambre fino, añadiendo pompones en los extremos.

2. **Flores:** utilizar hojas de cartulina verde sobre papel adhesivo para el cuerpo, y rodear la cara con una cinta o goma elástica que llevará, grapados o pegados, pétalos de diferentes colores (según se trate de una rosa, un clavel, un girasol, una margarita, etc.).

3. **Sol:** usar ropa amarilla y rayos de cartulina amarilla o naranja pegados o grapados a una cinta o goma elástica que rodee la cara. El sol también puede formarse con un grupo de niños en círculo.

4. **Viento:** servirse de ropa azul, blanca o gris y pintar las caras del color elegido.

Sugerencias para el escenario:

1. Dibujar celdillas en papel de embalar.

2. Pintar una puerta en la colmena para que entren los niños. Pintarla en papel de embalar.

3. Pintar un jardín en papel de embalar y decorar una caja grande como si fuera una colmena.

Otras sugerencias:

1. Construir un móvil.

2. Visitar una granja escuela que tenga colmenas.

3. Organizar una cata con varios tipos de miel.

Abeja
Insecto que fabrica miel y cera, y que vive en colmenas.

Aguijón
Es un órgano punzante y con veneno que, en la abeja, está situado en su parte trasera. Los zánganos no tienen aguijón.

Apicultor, apicultora
Persona que cría abejas para obtener su miel y su cera.

Cera

Sustancia blanda y amarillenta con la que
las abejas forman las celdas de los panales y que se utiliza,
sobre todo, para hacer velas. También pueden fabricarla
otros insectos.

Colmena

Casa de las abejas.

Frasco

Recipiente, casi siempre de cristal, que contiene líquidos
u otros productos.

Guardiana

Abeja que vigila y cuida la entrada de la colmena.

Libar

Chupar los insectos el néctar de las flores.

Miel

Sustancia dulce que fabrican las abejas
con el néctar de las flores.

Néctar

Líquido producido por las flores que atrae a las abejas.

Obrera

Abeja encargada de transformar el polen en miel.

Panal

Conjunto de celdas de cera que forman las abejas
dentro de la colmena para depositar la miel.

Pecoreadora

Abeja que busca y transporta el polen.

Polen

Polvo que hay en las flores, en los estambres, que son como las antenitas de las flores. Las abejas lo recogen en sus patas y lo llevan a la colmena para fabricar la miel. También permite la reproducción de las plantas.

Reina

También se llama *abeja maesa* o *maestra* y es la única que pone huevos. Es la madre de todas las abejas de su colmena.

Reposar

Periodo en el que no se toca la miel para que las impurezas suban a la superficie y poder retirarlas.

Zángano

Es la abeja macho de la colmena. Es la abeja más grande y robusta, tiene las antenas más largas, no tiene aguijón y no fabrica miel.

«No se hizo la miel para la boca del asno».

En ocasiones, sentimos que no se valora suficientemente lo que hacemos. Entonces debemos recordar este refrán, porque es de necios ofrecer cosas valiosas a quien no sabe o no puede apreciarlas.

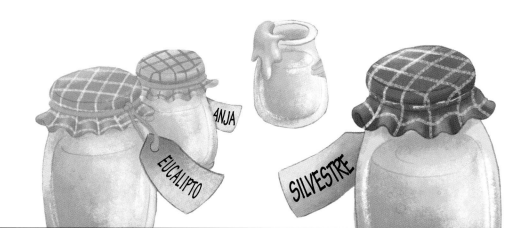

Títulos de la colección: